GALATHÉE

OPÉRA COMIQUE EN DEUX ACTES,

PAR

MM. JULES BARBIER ET MICHEL CARRÉ,

MUSIQUE DE

M. VICTOR MASSÉ,

REPRÉSENTÉ POUR LA PREMIÈRE FOIS A PARIS SUR LE THÉATRE DE L'OPÉRA-COMIQUE, LE 14 AVRIL 1852.

PARIS
MICHEL LÉVY FRÈRES, LIBRAIRES-ÉDITEURS
RUE VIVIENNE, 2 BIS.
1852

DISTRIBUTION DE LA PIECE.

PYGMALION.....................	Mlle WERTHEIMBER.
MYDAS.........................	MM. STE-FOY.
GANYMÈDE......................	MOCKER.
GALATHÉE......................	Mme UGALDE.

AMIS DE PYGMALION.

La scène se passe à Chypre, dans les Temps mythologiques.

NOTA.— La mise en scène exacte de cet ouvrage, réglée par M. E. Mocker, est rédigée et publiée par M. L. Palianti.

ACTE I.

Le théâtre représente l'atelier de Pygmalion. — A droite, sur le premier plan, un rideau qui cache Galathée. — Çà et là des marbres et tous les accessoires d'un atelier de statuaire.

SCÈNE PREMIÈRE.

GANYMÈDE, *seul.*

Au lever du rideau, Ganymède est étendu sur un lit de repos ; il est à moitié endormi. — On entend au dehors le chœur des jeunes gens et des jeunes filles de l'île de Chypre qui se dirigent vers le temple de Vénus.

CHOEUR.

L'aurore, en souriant,
A, de ses doigts de rose,
Ouvert de l'orient
La porte à demi-close !

De myrtes et de lys
Et de roses vermeilles,
En l'honneur de Cypris
Emplissons nos corbeilles.

Vers son temple paré,
Dirigeons-nous en foule
Et que ce jour sacré
Dans le plaisir s'écoule !

GANYMÈDE.

Allez, allez, mes chers amis,
Faites retentir l'air de vos chants d'allégresse !
Semez aux pieds de la déesse
Les roses et les lys ;
Courez en foule vers son temple !
Moi, Dieu merci !
Je suis ici,
Trop mollement couché pour suivre votre exemple !

REPRISE DU CHOEUR.

L'aurore, en souriant, etc.

(*On frappe à la porte.*)

GANYMÈDE.

Hein! (*On frappe de nouveau.*) Je crois qu'on frappe à la porte!... (*On frappe encore, il ferme les yeux et s'enveloppe la tête dans son manteau.*) C'est probablement quelqu'un qui veut entrer.

SCÈNE II.

GANYMÈDE, MYDAS.

MYDAS, *entr'ouvrant la porte.*

Personne!... (*Il s'avance sur la pointe du pied.*)

GANYMÈDE, *sans se déranger.*

Il me semble que j'entends marcher...

MYDAS, *se dirigeant vers le rideau qui cache Galathée.*

Personne!

GANYMÈDE, *soulevant un coin de son manteau.*

Qui va là?

MYDAS.

Aïe! (*Il se retourne et aperçoit Ganymède.*) Bonjour!

GANYMÈDE.

Bonsoir!

MYDAS.

Le seigneur Pygmalion?

GANYMÈDE.

Il est sorti.

MYDAS.

C'est bien lui que je viens de voir!

GANYMÈDE.

Oui... toute la ville est sur pied... et voilà toutes les jeunes filles et tous les jeunes garçons de l'île de Chypre qui accourent en foule vers le temple de Vénus... je ne me dérangerai certainement pas pour les suivre!... Mon maître, d'ailleurs, m'a recommandé de mettre tout en ordre dans la maison pendant son absence.

MYDAS, *riant.*

Ah! ah! lui aussi, il est allé porter son offrande à la Déesse!

GANYMÈDE.

Pauvre jeune homme!... je ne sais ce qu'il a depuis quelque temps; mais je crois, entre nous, qu'il aurait bon besoin de quelques grains d'ellébore!

MYDAS, *lui touchant l'épaule.*

Écoute!...

GANYMÈDE.

Revenez demain.

MYDAS.

Écoute!...

GANYMÈDE.

Je n'ai pas le temps... il faut que je fasse ma besogne!

MYDAS.

Quelle besogne?

GANYMÈDE.

Ma besogne ordinaire... ne suis-je pas au service du seigneur Pygmalion?

MYDAS.

Voilà ta façon de le servir?

GANYMÈDE.

Oui!...

MYDAS.

Tu ne dois pas te fatiguer beaucoup à ce métier-là!

GANYMÈDE.

Non!

MYDAS, *à part.*

Je crois que nous pourrons nous entendre... (*Haut.*) Dis-moi!

GANYMÈDE.

Hein?

MYDAS.

Aimes-tu la musique?

GANYMÈDE.

Non.

MYDAS, *faisant sonner quelques écus dans sa main, aux oreilles de Ganymède.*

Vraiment!

GANYMÈDE, *se levant à moitié.*

Plaît-il?

MYDAS.

Que dis-tu de cette musique-là?

GANYMÈDE.

C'est la bonne!

MYDAS.

Viens ici.

GANYMÈDE, *se levant.*

Me voilà !

MYDAS.

A la bonne heure !... Je savais bien que tu finirais par te lever !

GANYMÈDE.

Que faut-il que je fasse pour vous plaire ?

MYDAS.

Ton maître vient d'achever, dit-on, une charmante statue, qu'il cache à tous les yeux.

GANYMÈDE.

Oui.

MYDAS.

Tel que tu me vois, je suis amateur de ces sortes de choses... je me nomme Mydas... et je sais payer mes fantaisies!

GANYMÈDE.

Ah !

MYDAS.

COUPLETS.

1.

Depuis vingt ans j'exerce
Un honnête commerce,
Et grâce à mes efforts,
A mon heureuse veine,
Aujourd'hui mes trésors
Emplissent jusqu'aux bords
Deux larges coffres forts
Plus ventrus que Silène.

Je mange bien et je bois bien,
Les femmes me traitent fort bien !
Je ne suis pas riche pour rien !

2.

J'aime les belles choses,
Les oiseaux et les roses,
Les filles aux doux yeux
Les nymphes peu vêtues !
Les palais somptueux,
Les chants voluptueux,
Les bois mystérieux
Tout peuplés de statues.

Je mange bien, etc...

GANYMÈDE.

Je vous en fais mon compliment.

MYDAS.

Mes jardins sont peuplés de nymphes et de bacchantes... je possède déjà trois Vénus sortant de l'onde, une Diane au bain, un groupe des trois Grâces, et deux statues de la Vérité.

GANYMÈDE.

Peste! quelle collection!

MYDAS.

Et je viens proposer à ton maître de me vendre sa Galathée... mais avant de conclure le marché, je serais assez curieux, je l'avoue, de la voir de près.

GANYMÈDE.

Impossible!

MYDAS.

Impossible?...

GANYMÈDE.

Notre statue est cachée là, derrière cette draperie, et mon maître ne permet à personne d'en approcher.

MYDAS.

Fort bien!... mais puisqu'il est absent, nous n'avons rien à craindre!

GANYMÈDE.

S'il apprenait jamais que je vous ai permis de soulever un coin du rideau, je serais un homme mort!

MYDAS.

Il ne le saura pas.

GANYMÈDE.

La statue est capable de le lui dire!

MYDAS.

Il faudrait pour cela qu'elle pût parler.

GANYMÈDE.

Elle parlera tout exprès pour me faire rosser!

MYDAS.

Quelle plaisanterie!

GANYMÈDE.

Je ne plaisante pas... elle doit m'en vouloir..

MYDAS.

Pourquoi?

GANYMÈDE.

A cause de quelques paroles un peu vives que je me suis

permis de lui adresser quand mon maître me forçait de monter la garde auprès d'elle !

MYDAS.

Ton maître craint donc les voleurs ?

GANYMÈDE.

Je crois plutôt qu'il est jaloux.

MYDAS.

Jaloux de sa statue ?

GANYMÈDE.

Ma foi, il m'a tout l'air d'en être amoureux...

MYDAS.

Amoureux !

GANYMÈDE.

Et pourquoi, s'il vous plaît, a-t-il dit adieu à tous les plaisirs de son âge ?... pourquoi s'enferme-t-il si souvent avec elle ?... pourquoi la cache-t-il avec tant de soin à tous les yeux ?... pourquoi lui adresse-t-il la parole comme à une personne naturelle ?...

MYDAS.

Il lui parle ?

GANYMÈDE.

Des heures entières... Et je ne suis pas bien sûr qu'elle ne lui réponde pas !

MYDAS.

Tu es fou !

GANYMÈDE.

Non, c'est mon maître qui est fou !

MYDAS.

Ce que tu me dis là me rend d'autant plus curieux de la voir... (*Il va pour soulever le rideau.*)

GANYMÈDE, *le retenant.*

Arrêtez !

MYDAS.

Laisse-moi !

GANYMÈDE.

Je suis perdu si l'on nous surprend !

MYDAS.

Tiens !... (*Il lui donne de l'argent.*) Voilà pour calmer tes craintes...

GANYMÈDE.

Dieux immortels, veillez sur moi!... (*Il court vers la porte du fond.*)

MYDAS, *soulevant le rideau.*

Quelle merveille!... Elle va parler!... Je n'ai jamais rien vu de plus beau!... Le joli bras!... les belles épaules!... Je comprends qu'on soit amoureux de ces épaules-là!...

GANYMÈDE, *au fond.*

Est-ce fini?

MYDAS.

Il y a trop de draperies, c'est dommage!

GANYMÈDE, *venant le tirer par le bras.*

Allons! vous en avez vu assez pour votre argent!

MYDAS.

Elle est charmante!

GANYMÈDE, *à part.*

Maudit vieillard!

MYDAS.

Il faut qu'elle soit à moi aujourd'hui même!...

GANYMÈDE, *à part.*

Oui, compte là-dessus!

MYDAS.

Je la ferai placer sous un bosquet de lauriers roses, au fond de mon jardin!

GANYMÈDE.

Partez donc... J'entends un bruit de pas.. C'est lui!... c'est mon maître qui revient!

MYDAS.

Au fond de mon jardin, sous un bosquet de lauriers roses!

GANYMÈDE.

La porte s'ouvre... C'est fait de moi! (*Pygmalion paraît au fond.*)

SCÈNE III.

GANYMÈDE, MYDAS, PYGMALION.

TRIO.

PYGMALION.

Qu'ai-je vu!

GANYMÈDE.

Je suis mort!

PYGMALION, *saisissant un bâton.*

Infâme Ganymède !

MYDAS.

Devant moi, s'il vous plaît, ne le bâtonnez pas.

GANYMÈDE.

O Jupiter ! viens à mon aide !
Et vous, seigneur Mydas,
Par pitié, retenez son bras !

ENSEMBLE.

PYGMALION.

Pour te soustraire
A ma colère,
Eloigne-toi !
Non, point de grâce !
Va, je te chasse !
Sors de chez moi !

MYDAS.

Pour nous soustraire
A sa colère,
Tenons-nous coi !
De sa menace,
De sa grimace,
Je ris, ma foi !

GANYMÈDE.

Dieu tutélaire
En qui j'espère,
Protége-moi !
Il nous menace,
Sa voix me glace
Je meurs d'effroi !

(*Ganymède se prosterne devant Pygmalion, qui lui donne quelques coups de bâton.*)

GANYMÈDE.

Holà !

MYDAS.

Seigneur !

PYGMALION, *à Mydas.*

Pour toi, si tu reviens ici,
Comme lui je saurai te punir !

MYDAS.

Grand merci !

Je ne suis pas, seigneur, un homme qu'on bâtonne !
Et je n'ai jamais, de personne
En riant, accepté les coups !

PYGMALION.

Qui donc es-tu ?

MYDAS.

Je suis citoyen comme vous !

PYGMALION.

Que m'importe !

GANYMÈDE, *à part.*

Vieux libertin !

MYDAS.

Si je me suis permis de franchir ce matin
Le seuil de votre porte...

PYGMALION.

Eh bien !

MYDAS.

C'est que je vous apporte
Sous mon manteau
Certain cadeau
Qui vous rendra, j'espère,
Moins sévère !

PYGMALION.

Quoi ! ce coffret plein d'or ?

MYDAS.

Il est à vous !

PYGMALION.

A moi ?

MYDAS.

Votre belle statue
Vient de charmer ma vue
Et je veux l'acheter !

PYGMALION.

Acheter ma statue !

MYDAS.

Oui, je la trouve aimable... elle me plaît !

PYGMALION.

Tais-toi !

Tais-toi ! te dis-je, ou je t'assomme !

MYDAS.

S'il le faut, je double la somme!

PYGMALION.

Non, non! remporte tes écus
Et chez moi ne reparais plus!

REPRISE DE L'ENSEMBLE.

PYGMALION.

Pour te soustraire, etc.

MYDAS *et* GANYMÈDE.

Pour nous soustraire, etc.

MYDAS.

Vous refusez de me la vendre?

PYGMALION.

Je refuse!

MYDAS.

Fort bien! je commence à comprendre!
Ganymède a dit vrai!

GANYMÈDE.

Qui! moi! je n'ai rien dit!

PYGMALION.

Comment!

MYDAS.

Ah! ah! laissez-moi rire.

PYGMALION.

Mais, parle donc... qu'a-t-il pu dire?

GANYMÈDE, *à part.*

Bavard maudit!

MYDAS.

Aux pieds de sa statue,
Dont ce rideau jaloux nous dérobe la vue,
Pygmalion, dit-il, épris d'un fol amour,
Soupire nuit et jour!

PYGMALION.

Eh bien! pourquoi non!

COUPLETS.

I.

Toutes les femmes
Sont inconstantes et sans foi;
Leurs folles âmes
Suivent partout la même loi!
Et les plus belles

Les plus charmantes à nos yeux
Cachent en elles
Mille défauts pernicieux !

Voilà pourquoi de ma froide statue
Je préfère la vue !
Pourquoi près d'elle, épris d'un fol amour,
Je veille nuit et jour !

2.

La moins savante
Dans l'art de plaire et de tromper,
Sans peine invente
Quelque ruse pour nous duper !
Et brune ou blonde
Sans hésiter, moi, je soutien
Qu'en ce bas monde
La plus aimable ne vaut rien !

Voilà pourquoi de ma froide statue
Je préfère la vue !
Pourquoi près d'elle, épris d'un fol amour,
Je veille nuit et jour !

ENSEMBLE.

PYGMALION.

Voilà pourquoi de ma froide statue, etc.

MYDAS *et* GANYMÈDE.

Voilà pourquoi de sa chère statue
Il nous cache la vue !
Pourquoi près d'elle, épris d'un fol amour,
Il veille nuit et jour !

PYGMALION.

Hélas ! oui, nuit et jour !

MYDAS *et* GANYMÈDE.

Ah ! ah ! ah ! nuit et jour !

PYGMALION.

Eh bien, quoi ! qu'avez-vous à rire ?

MYDAS *et* GANYMÈDE.

Ah ! ah ! ah ! laissez-moi rire !

PYGMALION, *les menaçant.*

Je vais vous empêcher de rire !

MYDAS *et* GANYMÈDE.

Ah ! ah ! ah ! ah !

PYGMALION.

Allons! je perds patience!
Il est temps pour vous, je pense,
De partir!

MYDAS *et* GANYMÈDE, *à part.*

De sa froide indifférence
Vénus a voulu, je pense,
Le punir!

ENSEMBLE.

PYGMALION.

Allons, je perds patience!
Il est temps pour vous, je pense,
De partir!

MYDAS *et* GANYMÈDE.

De sa froide indifférence,
Vénus a voulu, je pense,
Le punir!
Ah! ah! ah! ah!

(Mydas sort par le fond et Ganymède par la droite.)

SCÈNE IV.

PYGMALION, *puis* GALATHÉE.

PYGMALION, *seul.*

Par Vénus! au feu qui brillait dans ses regards quand il me parlait de ma Galathée, j'aurais pu le prendre pour mon rival... Mon rival! suis-je fou!... y a-t-il au monde un autre homme assez privé de raison pour s'éprendre d'une statue!... Ah! pauvre insensé!... mes amis et ma jeunesse, mon art et mes plaisirs, j'ai tout sacrifié à cette fatale passion!

AIR.

Tristes amours!
Folle chimère!
C'en est fait de ma vie entière!
Mon bonheur a fui pour toujours!

Et chaque jour, hélas! me ramène vers elle!
Chaque jour, en tremblant, je reviens en ces lieux
Soulever le rideau qui la cache à mes yeux!
Et contempler cette grâce immortelle
Que mon ciseau, pour elle, a demandé aux dieux!

(Il soulève le rideau.)

Je la vois... ah! toujours plus belle!

. . . .

Mais, quoi! vainement je t'adore!
En vain vers toi je tends les bras!
Et dans l'ardeur qui me dévore,
Galathée, en vain je t'implore,
Tu ne me réponds pas!
Tu ne me réponds pas!

(Il saisit un marteau.)

Eh bien, statue inanimée,
Ta perte, au moins, me vengera!
Et cette main qui t'a formée
Te brisera!

(Il va pour briser la statue, s'arrête et jette le marteau loin de lui.)

Non! ne crains rien... c'est un blasphème!
Et je ne puis, malgré ma volonté
Détruire de ton corps l'adorable beauté!
Ah! je t'aime! je t'aime!...

(Il tombe accablé aux pieds de la statue; les rideaux se referment.)

CHOEUR *lointain.*

O Vénus, des amours suivie,
Ton haleine aux douces chaleurs,
Pénètre les bois et les fleurs,
O Vénus! source de la vie!

PYGMALION, *se relevant.*

O Vénus, sois-moi clémente!
Exauce les vœux
D'un cœur malheureux!
Sur cette beauté charmante,
Répands en ce jour
La vie et l'amour!

O Vénus! que ma voix tremblante
Monte jusqu'à toi!
La lumière pour elle et le bonheur pour moi!

Que par toi sa bouche respire,
Que ton souffle vienne enflammer
Cette lèvre qui peut sourire
Et ce regard qui peut aimer!
Que par toi ce marbre soit femme!
Et que par ton pouvoir vainqueur

Il reçoive une âme,
Il reçoive un cœur!
(Les rideaux s'entr'ouvrent.)

O ciel! que vois-je! est-ce un prestige!
Est-ce une fièvre de mes yeux?
Sur elle, sur son front, sur sa bouche... ô prodige!
La vie et la chaleur semblent tomber des cieux!

Déjà dans son œil étincelle
Un regard frais et pur!
Déjà, déjà le sang ruisselle
Dans ses veines d'azur;
Dans son corps une âme nouvelle
Semble se révéler
Elle écoute et cherche autour d'elle!
Dieux! elle va parler!
(Il reste dans une contemplation muette. — Galathée descend de son piédestal.)

GALATHÉE.

Je... moi... je suis ... je vois... je pense... je respire!
Je parle...
Ah! ah! ah! ah! ah! ah!
Je ris
Ah! ah! ah! ah! ah! ah!
Je soupire!
Je vis enfin!... qui suis-je?

PYGMALION.

Une femme!

GALATHÉE.

Ah!

PYGMALION.

Je t'aime!

GALATHÉE.

Je t'aime!... que dis-tu!... je t'aime!... mot charmant!
L'amour!... oui, je comprends... et je sens en moi-même
Mon cœur... qui bat plus vite... et s'éveille en aimant!
(S'éloignant de Pygmalion.)
Non! laisse-moi!... je veux... attends.. je ne puis dire,
Et le mot que je cherche, à mes lèvres expire!

DUO.

PYGMALION.

Aimons!... il faut aimer.., tout aime!

C'est la loi qui créa le jour!
Aimons!... la volonté suprême
A fait la beauté pour l'amour!

GALATHÉE.

Quoi! tu m'aimes!... et je suis belle!
Et le ciel me créa pour toi!
Quel nouveau monde se révèle,
Quel nouveau feu s'éveille en moi!

PYGMALION.

Le foyer appelle la flamme,
L'aurore va bien au ciel bleu!
La poussière demande une âme
Et la nature veut un Dieu!
Aimons!

ENSEMBLE.

Aimons! il faut aimer! tout aime!
C'est la loi, etc.

PYGMALION.

Et maintenant de toi j'implore
Un seul baiser!

GALATHÉE.

Mon cœur tout bas me dit encore
De refuser!

PYGMALION.

Ce baiser, mon âme ravie
L'attend de toi!

GALATHÉE.

Le plaisir, l'amour et la vie
Tout est à moi!

PYGMALION.

Ah! de grâce, entends ma prière,
Toi, mon seul bien!

GALATHÉE.

La beauté, les cieux, la lumière,
Tout m'appartient!
Quel bonheur!

PYGMALION.

Un seul baiser de toi!

GALATHÉE, *avec éclat.*

Ah! l'univers entiers! l'univers est à moi!

Oui, je suis femme! je suis reine!
Le monde entier est mon domaine
Et doit obéir à ma voix!
Tous les trésors de cette vie
Tous les plaisirs que l'on envie
Je veux tout connaître à la fois!

PYGMALION.

Et que ta vie enfin s'achève
Comme un beau rêve!
Par des chemins semés de fleurs,
Et loin des pleurs!

GALATHÉE.

Et que ma vie enfin s'achève
Comme un beau rêve!
Par des chemins semés de fleurs,
Et loin des pleurs!

ENSEMBLE.

GALATHÉE.

Oui, je suis femme! je suis reine!
Le monde entier est mon domaine
Et doit obéir à ma voix!
Tous les trésors de cette vie,
Tous les plaisirs que l'on envie,
Je veux tout connaître à la fois!

PYGMALION.

Galathée! ô belle inhumaine,
Entends ma voix!
Ton cœur est tout ce que j'envie,
Entends ma voix!

GALATHÉE.

Quels sont ces objets qui m'environnent!... quels désirs m'agitent?... quel motif les fait naître?... comment les satisfaire?

PYGMALION.

Galathée!

GALATHÉE.

D'où vient ce souffle léger qui caresse mes cheveux?... d'où viennent ces parfums qui m'enivrent?... quels sont ces chants lointains que j'entends?... quelle est cette lumière qui m'éblouit?

PYGMALION.

C'est le jour, c'est la vie!... (*Indiquant le fond du théâtre.*) Regarde, le ciel resplendit, les oiseaux chantent dans les arbres, le vent agite doucement le feuillage, les fleurs s'épanouissent au soleil, la nature entière semble fêter ton réveil et sourire à ta bienvenue!

GALATHÉE.

Oh! que tout cela est beau!... le ciel, les fleurs, tout m'appartient, n'est-ce pas?

PYGMALION.

Oui!

GALATHÉE.

Tout est à moi!

PYGMALION.

Tout!... (*Galathée s'élance vers la porte.*) Où vas-tu?

GALATHÉE.

Laisse-moi!

PYGMALION, *la retenant.*

Galathée!

GALATHÉE.

Laisse-moi!

PYGMALION.

Pourquoi me fuir déjà?... pourquoi veux-tu me quitter?

GALATHÉE.

J'entends là-bas une voix qui m'appelle!

PYGMALION, *l'entraînant.*

Viens!

GALATHÉE.

Pourquoi me retiens-tu ici contre mon gré?

PYGMALION.

Galathée, chère Galathée!

GALATHÉE.

Pourquoi me regardes-tu ainsi?

PYGMALION.

Parce que tu es belle!

GALATHÉE.

Je suis belle!

PYGMALION.

Vois!... (*Il lui donne un miroir.*)

GALATHÉE, *se regardant.*

Quel est ce visage charmant qui me sourit?

PYGMALION.

C'est le tien!

GALATHÉE.

Et ces beaux yeux qui me regardent avec surprise?

PYGMALION.

Ce sont tes yeux!

GALATHÉE, *se regardant.*

Je suis belle!

PYGMALION, *lui prenant la main.*

Galathée!

GALATHÉE.

Je suis belle!... (*Baisant le miroir.*) Ah!... (*Elle le rejette loin d'elle.*) Ce baiser m'a glacée! (*Pygmalion lui baise la main.*) Le tien me brûle!... (*Elle retire sa main.*) Adieu!

PYGMALION, *la retenant.*

Par pitié, ne me quitte pas!

GALATHÉE, *se dégageant.*

Je veux sortir.

PYGMALION.

Pourquoi?

GALATHÉE, *frappant du pied.*

Je le veux!

PYGMALION, *avec emportement.*

Et moi!... (*Se radoucissant.*) Non... pardon!... je suis fou... Viens près de moi!

GALATHÉE.

Non!

PYGMALION.

Je t'en prie!

GALATHÉE.

Non!

PYGMALION.

Je t'en supplie!

GALATHÉE.

Non, non! mille fois non!

PYGMALION.

Qu'as-tu donc?

GALATHÉE.

Je m'ennuie.

PYGMALION.

Déjà!

GALATHÉE.

J'étouffe!... (*Se laissant tomber sur un fauteuil.*) Ah!...

PYGMALION.

Grands Dieux!... (*Lui prenant la main.*) Galathée! Galathée!... reviens à toi... je suis à tes pieds... je te demande pardon!

GALATHÉE, *revenant à elle.*

A la bonne heure!...

PYGMALION.

Que veux-tu?... parle! ordonne!

GALATHÉE.

J'ai faim!

PYGMALION.

Tu as faim! que ne le disais-tu?... (*Appelant.*) Ganymède!

Ganymède !... Le traître refuse de me répondre... Attends-moi là... je vais moi-même...

GALATHÉE, *à part.*

Enfin !

PYGMALION.

Le marché est à deux pas... je reviens dans un instant.

GALATHÉE.

Va !

PYGMALION.

Nous souperons ensemble.

GALATHÉE.

Oui.

PYGMALION.

Que veux-tu que je t'achète?... des olives?... du raisin, des figues?... avec un ou deux flacons de bon vin?... toute ma bourse y passera!... (*Lui prenant les mains.*) Ne t'impatiente pas, chère Galathée... je ne serai pas longtemps dehors.... je te le promets !... (*A part.*) Et, par prudence, je fermerai la porte... (*Haut.*) Adieu.

GALATHÉE.

Adieu ! adieu !

PYGMALION.

A tout à l'heure !... (*Il lui baise la main.*) Adieu... (*Il sort par la porte du fond.*)

SCÈNE V.

GALATHÉE, *seule.*

Le voilà parti!... (*Se dirigeant vers la porte du fond.*) Maintenant, fuyons... (*Apercevant une lyre suspendue à une colonne.*) Ah ! qu'est-ce que cela ? (*Elle prend la lyre, l'examine avec curiosité, promène ses doigts sur la corde et écoute.*) Hein?... quoi?... plaît-il ? que dis-tu ?

AIR.

Que dis-tu ? je t'écoute et ne puis te comprendre !
Parle-moi ! parle encor! je veux encor t'entendre !
Ton âme frémit sous mes doigts !
Et ta voix
Douce et tendre
S'envole à travers
Les airs !

Que ton âme inspire la mienne !
O lyre ! et que ma voix

Pour la première fois,
Résonne avec la tienne!

—

Roses parfumées,
Dont l'éclat réjouit les yeux.
Brises embaumées,
Rayons divins tombés des cieux!
Tout ici bas semble me dire
Que je suis faite pour charmer!
Les fleurs m'invitent à sourire,
Les oiseaux me disent d'aimer!

Le cœur joyeux, l'âme ravie,
Je veux rire, je veux chanter!
Pour fêter
L'amour, le plaisir et la vie!

—

Mais quel trouble nouveau s'empare de mes sens!
D'où partent, Dieux puissants,
Ce gai signal et ces libres accents!

—

Accourez, rois du monde!
Fils du ciel ou de l'onde,
Qu'à ma voix tout réponde,
Accourez,
Plaisirs, rêves dorés!

Folles naïades!
Amadryades!
Nymphes des ruisseaux et des bois,
Accourez toutes à ma voix!
Au bruit des flûtes et des lyres,
Au bruit des instruments d'airain,
Au bruit des chansons et des rires,
Dansons, en nous donnant la main!

Accourez, rois du monde!
Fils du ciel ou de l'oude!
Qu'à ma voix tout réponde!
Accourez,
Plaisirs, rêves dorés!
(*Galathée s'élance vers le jardin et disparaît.*)

ACTE II.

Même décoration.

SCÈNE PREMIÈRE.

GANYMÈDE, *seul.*

(*Il entre par le fond avec précaution, une grappe de raisin à la main.*) Est-ce que mon maître ne m'a pas appelé, il y a un quart d'heure?... ... Oui, j'ai très-bien reconnu sa voix... c'est probablement son souper qu'il voulait... mais comme j'ai oublié d'aller ce matin aux provisions, et que je viens de dévorer tout ce qui restait dans notre garde-manger... je crois avoir prudemment agi en ne me montrant pas et en faisant la sourde oreille... Pauvre jeune homme! il sera allé dîner au cabaret... moi, je n'ai plus faim!... (*Il s'installe dans un fauteuil.*) Voilà ma journée finie!

COUPLETS.

Ah! qu'il est doux
De ne rien faire,
Quand tout s'agite autour de nous!
Que Phœbus ou Phœbé m'éclaire,
Qu'il pleuve ou qu'il vente au dehors,
Moi, je dors!

1.

Dormir est un plaisir céleste!
Le bonheur nous vient en dormant!
Tout travail me semble funeste,
Et tout tracas est assommant!
N'en déplaise aux Dieux qu'on adore,
Morphée est un dieu plein d'esprit!
Car son autel est un bon lit,
Et c'est en dormant qu'on l'honore!
Ah! qu'il est doux, etc...

(*Il se lève.*)

2.

Chacun ici bas rend hommage
Aux maîtres qui veillent sur nous !
Les matelots, pendant l'orage,
Invoquent Neptune à genoux !
Les buveurs, dans leur folle ivresse,
Adressent leurs vœux à Bacchus,
Les amoureux fêtent Vénus,
Et moi, je fête la paresse !
Ah ! qu'il est doux, etc...

(*Apercevant Galathée dans le jardin.*) Eh ! mais, que vois-je là-bas ?... une femme qui se promène dans notre jardin ?... qui marche sans façon sur nos plates-bandes et qui saccage nos rosiers ? (*Se levant à demi.*) Ho ! ho ! ce ne peut être qu'une ancienne amie de mon maître... (*Galathée paraît au fond.*) Dieux immortels ! c'est la statue ! je n'ose en croire mes yeux !... (*Allant ouvrir les rideaux.*) Plus de doute... la place est vide !... (*Redescendant en scène.*) C'est la statue !

SCÈNE II.

GANYMÈDE, GALATHÉE.

(*Galathée entre en courant, les mains pleines de fleurs.*)

GALATHÉE, *apercevant Ganymède.*

Ah ! (*Elle laisse tomber les fleurs.*)

GANYMÈDE.

C'est bien elle !

GALATHÉE.

Qui es-tu ?

GANYMÈDE, *balbutiant.*

Moi !... je...

GALATHÉE.

Viens ici !

GANYMÈDE, *à part.*

C'est fait de moi, si elle me reconnaît !

GALATHÉE.

Viens donc !... (*L'examinant.*) Ta figure me plaît !

GANYMÈDE.

Ah bah !...

GALATHÉE.

Asseyons-nous, et causons !... (*Elle le fait asseoir près d'elle.*)

GANYMÈDE, *à part.*

Tiens! tiens! tiens!...

GALATHÉE.

Comment te nommes-tu?

GANYMÈDE.

Ganymède!

GALATHÉE.

Mon cher Ganymède!

GANYMÈDE, *à part.*

Peste! comme elle y va! (*Haut.*) Si mon maître nous surprenait!

GALATHÉE.

Ton maître?

GANYMÈDE.

Le seigneur Pygmalion!

GALATHÉE.

Qui?.... ce mélancolique personnage qui veut me retenir ici malgré moi?

GANYMÈDE.

Vous l'avez vu?

GALATHÉE.

Il était là, tout à l'heure... je l'ai envoyé au marché!

GANYMÈDE.

Au marché!

GALATHÉE.

Ses soupirs m'ennuyaient!

GANYMÈDE, *riant.*

Ah! ah! ah!

GALATHÉE.

Et puis, je le trouve moins joli que toi!

GANYMÈDE.

Je vous rends grâces.... (*A part.*) Voilà une statue bien aimable!

GALATHÉE.

Dis-moi... je suis femme, n'est-ce pas?

GANYMÈDE.

Sans doute!

GALATHÉE.

Et toi?

GANYMÈDE.

Moi?

GALATHÉE.

Es-tu femme aussi?

GANYMÈDE.

Non!... je suis homme!

GALATHÉE.

Ah! tant mieux!... il me semble que je t'aime mieux ainsi, et qu'il nous sera plus facile de nous entendre... Embrasse-moi!

GANYMÈDE, *surpris.*

Hein?...

GALATHÉE, *lui tendant la joue.*

Embrasse-moi donc!

GANYMÈDE, *après avoir regardé autour de lui.*

Volontiers!... (*Il se penche pour embrasser Galathée, on aperçoit Mydas qui entre précipitamment par la porte du fond.*)

SCÈNE III.

LES MÊMES, MYDAS.

GALATHÉE, *à Ganymède.*

Eh bien?

GANYMÈDE, *se retournant au bruit que fait Mydas.*

Qui vient là?

MYDAS.

Ne crains rien... c'est moi!

GANYMÈDE.

Encore vous?

MYDAS.

Oui, j'ai vu sortir ton maître... et je...

GALATHÉE, *se levant.*

Qu'est-ce donc, mon cher Ganymède?... pourquoi vient-on nous déranger?

MYDAS.

Hein! (*Stupéfait et se laissant tomber sur un fauteuil.*) O prodige!... la statue qui parle et qui marche...

GALATHÉE, *l'examinant.*

Ah! qu'il est laid!

MYDAS, *se levant.*

Bien obligé!

GANYMÈDE.

Je vous disais bien qu'elle parlerait!

MYDAS.

Je ne puis en croire mes yeux!... comment se fait-il?...

GANYMÈDE.

Demandez à Vénus!... c'est elle assurément qui aura joué ce méchant tour à mon maître.

MYDAS.

Ton maître aurait tort de se plaindre!

GANYMÈDE, *bas.*

Qui sait?... la belle n'est pas femme pour rien... et je la crois d'humeur à rattraper le temps perdu!

MYDAS.

C'est bon à savoir... présente-moi!

GANYMÈDE.

Avec plaisir!.. (*Présentant Mydas à Galathée.*) Permettez-moi de vous présenter le seigneur Mydas, un honnête seigneur de l'île de Chypre... grand amateur de statues, qui voulait ce matin vous enlever à mon maître, pour vous faire placer dans son jardin, sous un bosquet de lauriers roses...

GALATHÉE.

Vraiment!

MYDAS, *bas à Ganymède.*

Elle est charmante!

GANYMÈDE.

Son miroir le lui a dit avant vous!

GALATHÉE, *tirant Ganymède, à part.*

Dis-moi!... je suis femme! et tu es homme, n'est-ce pas?.... mais lui?... (*Elle indique Mydas.*)

GANYMÈDE.

Lui?...

GALATHÉE.

Qu'est-ce?

GANYMÈDE.

C'est ce qu'on appelle un vieux!

GALATHÉE.

Ah! fi!

MYDAS, *bas à Ganymède.*

Que dit-elle?

GANYMÈDE.

Elle vous trouve très-aimable!

MYDAS, *avec joie.*

Ah!... (*S'avançant vers Galathée.*) Charmante statue!

GALATHÉE.

Quoi?

MYDAS.

Adorable Galathée !

GALATHÉE.

Que me voulez-vous?

MYDAS.

Ce que je veux, ô ma toute belle... ce que je veux?...

GALATHÉE.

Eh bien?

MYDAS, *se jetant aux pieds de Galathée.*

Je veux me mettre à vos pieds, pour vous dire que je vous aime!

GALATHÉE, *riant.*

Ah! ah! ah!

MYDAS.

Que je vous adore!

GALATHÉE, *de même.*

Ah! ah! ah!

MYDAS.

Que vos beaux yeux m'ont rendu fou!

GALATHÉE.

Ah! ah! ah! pauvre homme!.... (*Le regardant.*) Vois donc, Ganymède, comme il est drôle!

GANYMÈDE, *riant.*

Ah! ah! ah!

MYDAS, *soupirant.*

Ah!

GALATHÉE.

Vous souffrez?

MYDAS.

Je meurs!

GALATHÉE, *se retournant vers Ganymède.*

Décidément! il n'est pas beau!... (*Mydas se relève.*)

TRIO.

MYDAS.

Il me semblait
N'être point laid!

GALATHÉE.

Ma foi, si fait,
Vous êtes laid!

GANYMÈDE.

Ah ! le fait est
Qu'il est fort laid !

MYDAS.

Quoi ! je suis laid ?

GANYMÈDE *et* **GALATHÉE.**

Vous êtes laid !

MYDAS, *menaçant Ganymède.*

Ah ! traître !
(Se retournant vers Galathée.)
Voyons, laissons là ma figure !

GALATHÉE.

Ah ! quelle piteuse figure !

GANYMÈDE.

Ne parlons pas de sa figure !

MYDAS, *bas à Galathée.*

Vous me plaisez, je vous le jure.

GALATHÉE, *bas à Ganymède.*

Il est très-vieux, la chose est sûre !

GANYMÈDE.

Depuis longtemps la bête est mûre !

MYDAS, *tirant Galathée à part.*

Peste soit du coquin !.. que vous dit-il encor ?
(Il fait signe à Ganymède de s'éloigner.)
Charmante Galathée !
Mon cher trésor !
Je t'aurais, à prix d'or
Avec joie achetée,
Si tantôt,
Au lieu de refuser mes écus, comme un sot,
Ton maître m'avait pris au mot !

GALATHÉE.

De l'or !.. quoi ! vous avez de l'or ?

MYDAS.

Oui, ma mignonne !
J'en ai beaucoup... et si tu veux... je te le donne !

GALATHÉE, *à Ganymède.*

Il a de l'or !

GANYMÈDE.

Il a de l'or !

MYDAS.

Oui, mon trésor,
J'ai beaucoup d'or ,
Et sur ma foi
Si tu m'aimes, tout est à toi !

GALATHÉE.

Tout est à moi ?

MYDAS.

Tout est à toi !

GALATHÉE, *se retournant vers Ganymède.*

Qu'en dis-tu ? faut-il que je l'aime ?

GANYMÈDE, *lui montrant Mydas.*

Décidez la chose vous-même !

GALATHÉE, *examinant Mydas de la tête aux pieds.*

Il me paraît laid tout de même !

GANYMÈDE.

Certes ! il est laid tout de même !

MYDAS, *s'élançant vers Ganymède.*

Ah ! coquin !.. (*Se retournant vers Galathée.*)
Pour vous charmer, que dois-je faire ?..

GANYMÈDE, *à part.*

Je ne vois pas grand chose à faire !

MYDAS, *détachant son collier.*

Si ce collier pouvait vous plaire !..

GALATHÉE, *s'en emparant.*

Ce collier peut fort bien me plaire !

GANYMÈDE, *bas à Galathée.*

Prenez tout ce qui peut vous plaire !

MYDAS, *à Galathée, à part.*

Venez... éloignons-nous un peu de ce butor !

(*Il entraîne Galathée de l'autre côté de la scène en faisant signe à Ganymède de s'éloigner.*)

Charmante Galathée,
Mon doux trésor !
Que voulez-vous encor ?
N'êtes-vous pas tentée,
Cher minois,
De faire resplendir, pour la première fois,
Ces anneaux d'or à vos beaux doigts ?

GALATHÉE.

Quoi ! ces bijoux charmants... cette bague ?...

MYDAS.

Oui, friponne !
Oui, cher petit amour... c'est moi qui te les donne !

GALATHÉE, *montrant la bague à Ganymède.*

Elle est en or !

GANYMÈDE.

En fort bel or !

MYDAS.

Tiens, cher trésor !
Tiens, prends encor !
(*Il détache ses bracelets et ses pendants d'oreilles.*)
Ah ! sur ma foi !
Si tu m'aimes, tout est à toi !

GALATHÉE.

Donnez encor !

MYDAS.

Oui, sur ma foi !
Tout est à toi !

GALATHÉE, *parlé.*

Donnez toujours !

MYDAS.

Je n'ai plus rien !

GALATHÉE.

Vous n'avez plus rien ? (*Se retournant vers Ganymède.*) Il n'a plus rien !

Qu'en dis-tu ! faut-il que je l'aime ?

GANYMÈDE.

Décidez la chose vous-même !

GALATHÉE, *même jeu que précédemment.*

Il me paraît laid tout de même !

GANYMÈDE.

Certes ! il est laid tout même !

MYDAS, *s'élançant sur Ganymède.*

Ah ! scélérat maudit !

Il me semblait
N'être point laid!

GALATHÉE.

Ma foi, vous êtes toujours laid!

GANYMÈDE.

Ah! certe! il est encor plus laid!

ENSEMBLE.

MYDAS.

Il me semblait
N'être point laid!
Mais il paraît
Que je suis laid!

GALATHÉE.

Il lui semblait
N'être point laid,
Mais tel qu'il est
Il me déplaît!

GANYMÈDE.

Il lui semblait
N'être poind laid,
Mais le fait est
Qu'il est fort laid!

MYDAS.

Me voilà bien avancé!.. Si vous ne voulez pas de mon amour, rendez les bijoux!

GALATHÉE.

Non pas... je les garde en souvenir de vous!

MYDAS, *s'avançant pour l'embrasser.*

Permettez-moi au moins de...

GALATHÉE.

Je ne permets rien!

MYDAS.

Un baiser?

GALATHÉE.

Non!

MYDAS.

Un seul baiser?

GALATHÉE.

Non! non!

MYDAS, *l'embrassant sur l'épaule.*

Ah !... (*Galathée lui donne un soufflet.*) Ho !

GANYMÈDE, *riant.*

Bon !

MYDAS.

Je suis aveuglé !

GANYMÈDE.

C'est un soufflet de statue !

GALATHÉE.

Chut!

GANYMÈDE.

Quoi donc ?

GALATHÉE.

N'entends-tu pas?

GANYMÈDE, *courant au fond.*

C'est le seigneur Pygmalion qui revient !

MYDAS.

Pygmalion !

GANYMÈDE.

Sauve qui peut !... (*Il sort en courant.*)

GALATHÉE, *à Mydas.*

Cachez-vous !

MYDAS.

Me cacher ?

GALATHÉE.

Oui, cela m'amusera !... (*Le poussant vers un grand fauteuil.*) Là, derrière ce fauteuil !

MYDAS.

Derrière ce fauteuil !...

GALATHÉE.

Vite ! je l'entends !... cachez-vous donc !

MYDAS.

Ouf !... (*Galathée s'installe dans le fauteuil derrière lequel est caché Mydas.—Pygmalion paraît au fond, portant des corbeilles chargées de fruits.*)

SCÈNE IV.

PYGMALION, GALATHÉE, MYDAS, *caché, puis* GANYMÈDE.

PYGMALION.

Me voici!

GALATHÉE.

Ah ! c'est vous? (*Elle cache les bijoux de Mydas.*)

PYGMALION.

Je suis resté dehors plus longtemps que je ne voulais... J'ai rencontré ici près, des amis qui ont essayé de m'entraîner avec eux !

GALATHÉE, *avec indifférence.*

Ah !

PYGMALION.

D'anciens compagnons de plaisir... qui se réunissent cette nuit, pour boire et chanter, et qui voulaient à toute force me mettre de la partie !

GALATHÉE.

Pourquoi avez-vous refusé de les suivre ?

PYGMALION.

Pour rester près de toi !

GALATHÉE.

Ah !

PYGMALION.

Ne devons-nous pas souper ensemble ?...

GALATHÉE.

C'est juste !... je l'avais oublié !

PYGMALION.

Tu t'es bien ennuyée, n'est-ce pas, pendant mon absence ?...

GALATHÉE.

Non ! pas trop !

MYDAS, *à part, caché.*

Charmante franchise !

PYGMALION.

Il n'est venu personne ?

GALATHÉE.

Personne !

MYDAS, *à part.*

Comme elle ment !

PYGMALION.

Ganymède n'a pas reparu ?

GALATHÉE.

Ganymède? quel Ganymède ?

PYGMALION.

Un coquin d'esclave, que j'ai bâtonné ce matin... et qui se cache sans doute dans quelque coin !

GALATHÉE.

Je ne l'ai pas vu !

MYDAS, *à part.*

Quel aplomb !...

PYGMALION.

Nous nous passerons de lui !

GALATHÉE, *à part.*

S'il était ici, la partie serait complète... (*Haut.*) Voulez-vous que je l'appelle ?

PYGMALION.

C'est inutile !

GALATHÉE.

Je suis curieuse de le voir... dites-lui de venir, je vous prie !

PYGMALION.

Tu le veux !

GALATHÉE.

Je vous en prie !

PYGMALION.

Soit !... (*Appelant.*) Ganymède !

GALATHÉE, *appelant aussi.*

Ganymède !

GANYMÈDE, *au dehors.*

Hein ?

GALATHÉE.

Ganymède !

PYGMALION.

Ganymède !

GANYMÈDE, *paraissant.*

Me voilà !

GALATHÉE.

Faites-lui signe d'approcher... et dites-lui que vous ne lui en voulez plus !

PYGMALION, *souriant.*

Soit ! (*A Ganymède.*) Approche et ne crains rien... je te pardonne !

GALATHÉE.

Bien !

PYGMALION.

Es-tu contente?

GALATHÉE.

Oui !... (*Bas à Ganymède.*) Fais comme si tu ne m'avais pas encore vue !

GANYMÈDE, *étonné.*

Ah !

PYGMALION.

Maintenant, soupons !

GALATHÉE.

C'est cela ! soupons !

MYDAS, *à part.*

Ah, coquine !

GANYMÈDE, *apercevant Mydas derrière le fauteuil.*

Ah sournoise !

QUATUOR.

PYGMALION.

Allons, à table !
Qu'un vin potable
Chasse d'ici
Le noir souci !
L'amour adore
La vieille amphore
Qui verse au cœur
La joie et le bonheur !

MYDAS.

Quel tour pendable !
L'effroi m'accable !
Le cœur transi
D'un noir souci,
Dieux que j'implore,
Sauvez encore
De sa fureur,
Votre humble serviteur !

GANYMÈDE.

Quel tour pendable !
L'effroi l'accable,
Le cœur transi
D'un noir souci,

Dieux qu'il implore!
Sauvez encore
De sa fureur.
Votre humble serviteur!

GALATHÉE, *à part.*

Quel tour pendable!
L'effroi l'accable!
Le cœur transi
D'un noir souci,
Il vous implore,
Dieux qu'il adore,
Et dans mon cœur,
Je ris de sa terreur!

PYGMALION, *à Galathée.*

Mais qu'avez-vous à sourire?
Galathée, à quoi pensez-vous?

GALATHÉE.

Je consens à vous le dire
Si vous n'entrez pas en courroux!

PYGMALION.

Ah! de ce fatal délire
Ne redoutez rien entre nous!

GALATHÉE.

Eh bien! je ne puis pas sans rire
Penser que vous êtes jaloux!

PYGMALION.

Eh quoi! cela vous fait rire!
C'est l'amour qui me rend jaloux!

MYDAS *et* GANYMÈDE, *à part.*

Est-ce bien là de quoi rire?
Elle ne craint donc pas les coups!

PYGMALION.

Ah! dans vos yeux laissez-moi lire
Que j'ai tort d'être jaloux!

REPRISE DE L'ENSEMBLE.

GALATHÉE.

Allons, à table! etc.

(*Ganymède a achevé de servir la table. Pygmalion et Galathée s'y asseoient.*)

PYGMALION.

Et maintenant, ô ma maîtresse!

Buvez de ce vin généreux
Dont la brûlante ivresse
Est chère aux amoureux!

ENSEMBLE.

GALATHÉE.

Voyons ce vin qui rend heureux!

PYGMALION.

Oui, c'est le vin qui rend heureux.

MYDAS *et* GANYMÈDE, *à part.*

Si je pouvais boire avec eux!

COUPLETS.

1.

GALATHÉE.

Sa couleur est blonde et vermeille,
Son parfum est plus doux encor!

TOUS.

Plus doux encor!

GALATHÉE.

On dirait qu'un rayon sommeille
Épanoui dans son flot d'or!

TOUS.

Dans son flot d'or!

GALATHÉE, *après avoir bu.*

Grands dieux! ta chaleur me pénètre!
Enivrante et douce liqueur!

TOUS.

Douce liqueur!

GALATHÉE.

Et ton parfum remplit mon être
Comme l'amour remplit le cœur!

TOUS.

Remplit le cœur!

GALATHÉE.

Ah! verse encore!
Vidons l'amphore!
Qu'un flot divin
De ce vieux vin
Calme la soif qui me dévore!

Le vin
Est un trésor divin!

TOUS.

Le vin
Est un trésor divin!

2.

GALATHÉE.

Déjà, dans la coupe profonde
Tout s'éclaire d'un nouveau jour!

TOUS.

D'un nouveau jour!

GALATHÉE.

J'y vois les sottises du monde
Et les mensonges de l'amour!

TOUS.

Quoi! de l'amour!

GALATHÉE.

J'y vois, par des enchanteresses
Tous les cœurs plus ou moins dupés!

TOUS.

Comment, dupés!

GALATHÉE.

Par leurs femmes et leurs maîtresses
J'y vois tous les hommes trompés!

TOUS.

Comment, trompés!

GALATHÉE, *tendant sa coupe.*

Ah! verse encore!
Vidons l'amphore!
Qu'un flot divin
De ce vieux vin
Calme la soif qui me dévore!
Le vin
Est un trésor divin!

PYGMALION, *à Galathée.*

Assez! ne buvez plus de vin!

MYDAS *et* GANYMÈDE.

Grands dieux! elle a bu trop de vin!

GALATHÉE.

Allons, encor!

PYGMALION.

Non pas, vraiment!

GALATHÉE.

Comment!
Ne suis-je pas ici maîtresse et souveraine

PYGMALION.

Sans doute... mais un seul moment!...

GALATHÉE.

Non, jamais! laissez-moi... je veux parler en reine!
Et quand j'ai dit : je veux,
J'entends que tout cède à mes vœux!

PYGMALION.

Mais!...

GALATHÉE.

Taisez-vous!

PYGMALION.

Mais, ma chère!...

GALATHÉE.

Il ose me refuser!...

PYGMALION.

Mais!...

GALATHÉE.

C'est bien!... dans ma colère...
Je vais ici tout briser!

(*Elle renverse la table.*)

PYGMALION, *apercevant Mydas.*

Grands dieux!

MYDAS *et* GANYMÈDE.

Grands dieux!

(*Galathée rit aux éclats.*)

ENSEMBLE.

Ah! misérable maîtresse!
Elle trompait ma tendresse!
Je sens la haine et la fureur
Gonfler mon cœur!
Malheureux! craignez ma fureur!

GALATHÉE.

Je suis ici la maîtresse !
Que m'importe sa tendresse !
Je ne sens effroi ni terreur
Glacer mon cœur,
Et je me ris de sa fureur !

MYDAS *et* GANYMÈDE.

Dieux ! qui voyez ma détresse,
Que mon sort vous intéresse !
Je sens la crainte et la terreur
Glacer mon cœur !
Ah ! sauvez-moi de sa fureur !

(Galathée sort en riant aux éclats. — Ganymède se sauve.)

SCÈNE V.

PYGMALION, MYDAS.

PYGMALION, *à Mydas.*

Ah ! misérable ! tu ne m'échapperas pas, cette fois !... je vais te guérir de ta curiosité, et t'ôter à tout jamais l'envie de remettre les pieds chez moi !

MYDAS.

Tout beau, seigneur Pygmalion !... vous m'étranglez.

PYGMALION.

Vieux débauché !

MYDAS.

Vous m'étranglez !

GANYMÈDE, *accourant, à Pygmalion.*

Seigneur ! seigneur... Galathée s'est enfuie par la petite porte du jardin !

PYGMALION, *lâchant Mydas.*

Dieux !

MYDAS.

Ah ! bah !

GANYMÈDE.

Je l'ai vue disparaître derrière les arbres, et s'enfuir vers la ville !

PYGMALION, *désespéré.*

Galathée ! Galathée !...

GANYMÈDE, *à part.*

Oui, cours après !

MYDAS.

Attendez-moi, seigneur Pygmalion... attendez-moi!...

PYGMALION, *au fond.*

Galathée!

MYDAS.

Elle emporte mes bijoux ! (*Pygmalion sort en courant, Mydas le suit.*)

SCÈNE VI.

GANYMÈDE, *seul, riant.*

Ah! ah ! ah! Cette maudite statue a juré de leur faire tourner la tête... Les voilà partis tous les deux en courant; mais, bah! elle a de l'avance sur eux... et au train dont elle va, la belle doit être déjà loin. (*Il se heurte contre la table que Galathée a renversée, fait un effort pour la relever, et la laisse retomber.*) Et dire qu'elle était là si tranquille ce matin derrière son rideau... Si mon maître s'avise de faire encore des statues, j'aime à croire qu'il ne demandera pas à Vénus de les animer... Où en serions-nous, grands dieux ! si les nymphes et les bacchantes qui peuplent les jardins du vieux Mydas étaient venues se mettre de la partie !... (*Remettant la table sur ses pieds.*) Ouf!... depuis ce matin, nous n'avons pas eu une heure de repos!... (*Il s'étend sur le lit à droite.*)

SCÈNE VII.

GANYMÈDE, GALATHÉE.

GALATHÉE, *entr'ouvrant le rideau à gauche.*

Ganymède!

GANYMÈDE.

Hein ?

GALATHÉE.

Ganymède ! c'est moi !

GANYMÈDE.

Comment ! c'est encore vous ?

GALATHÉE.

Oui !

GANYMÈDE.

Vous n'êtes donc pas partie ?

GALATHÉE.

Non, c'est une ruse... j'ai fait semblant de fuir, pour forcer Pygmalion à courir après moi.

GANYMÈDE.

Et dans quel but, s'il vous plaît?

GALATHÉE.

Tu ne devines pas?

GANYMÈDE.

Non !

GALATHÉE.

C'est que je voulais rester seule avec toi !

GANYMÈDE.

Pourquoi?

GALATHÉE.

Pour te proposer de nous en aller ensemble !

GANYMÈDE.

Où cela?

GALATHÉE.

Où tu voudras, pourvu que nous ne nous quittions plus !

GANYMÈDE.

Voyager, c'est fatigant!

GALATHÉE, *lui prenant la main.*

Viens, viens! partons vite... Pygmalion pourrait nous surrendre.

GANYMÈDE.

C'est bien ce que je crains.

GALATHÉE.

Mais viens donc !

GANYMÈDE.

Peste ! voilà une statue qui me mènera loin !

FINAL.

GALATHÉE.

Ganymède ! c'est toi que j'aime !

GANYMÈDE.

Moi !

GALATHÉE.

Te suivre est mon bonheur suprême !

GANYMÈDE.

Quoi ?

GALATHÉE.

Tes grâces ont charmé mon âme'

GANYMÈDE.

Bah !

GALATHÉE.

Et je veux devenir ta femme !

GANYMÈDE.

Ah !

ENSEMBLE.

GALATHÉE.

Partons !
Vénus nous favorise ;
Que l'amour nous conduise,
Partons !

GANYMÈDE.

Partons !
Je fais une sottise
Mais, bah ! quoi qu'on en dise,
Partons !

GANYMÈDE.

J'y consens... mettons-nous en route !

GALATHÉE.

Bien !

GANYMÈDE.

Mais en fait d'amours je redoute...

GALATHÉE.

Rien !

GANYMÈDE.

Qu'un jour vous ne fassiez des nôtres,

GALATHÉE.

Bon !

GANYMÈDE.

Comme vous avez fait des autres !

GALATHÉE.

Non !

ENSEMBLE, *reprise.*

GANYMÈDE.

Partons !
Je fais une sottise !
Mais, bah ! quoi qu'on en dise,
Partons !

GALATHÉE.

Partons !
Vénus nous favorise
Que l'amour nous conduise,
Partons !

(Ganymède enlace d'un bras Galathée et se dirige vers la porte.)

SCÈNE VIII.

LES MÊMES, PYGMALION, MYDAS.

PYGMALION, *entrant.*

Grands Dieux !

MYDAS, *en riant.*

Grands Dieux !

GANYMÈDE *et* MYDAS, *se séparant.*

Grands Dieux !

PYGMALION, *furieux à Galathée.*

Misérable !

GALATHÉE, *épouvantée.*

Seigneur !

PYGMALION.

Tu me trompais encore !
Avec lui tu quittais ces lieux !
Infâme ! pour jamais disparais de mes yeux !

(Il saisit un couteau.)

GALATHÉE.

Dieux ! sauvez-moi, je vous implore !

(Elle se sauve derrière le rideau.)

MYDAS, *à Pygmalion.*

Eh ! de grâce ! arrêtez ces transports furieux !

PYGMALION, *jetant son poignard.*

Oui, de cette funeste vengeance

Le mépris me vengera mieux !
Et c'est aux Dieux
Que je dois léguer ma vengeance.

O toi, qui lui donnas la vie et la beauté,
Pour la seconde fois que ne peux-tu m'entendre,
Vénus ! que ne peux-tu lui rendre
Son immobilité !

MYDAS *et* GANYMÈDE, *à part.*

Il perd la tête, en vérité !

(Les rideaux s'entr'ouvrent de nouveau, on aperçoit la statue immobile comme au commencement du premier acte.)

MYDAS.

O ciel !

PYGMALION.

Quoi donc ?

MYDAS.

Ma foi, vous êtes exaucé !
Et ce n'est plus qu'un marbre insensible et glacé !

(Pygmalion touche la statue avec surprise.)

CHOEUR *en dehors.*

Pygmalion, viens avec nous,
Loin des sots et des jaloux,
Fêter la bonne déesse,
Et retrouver jusqu'à demain
Le plaisir et la jeunesse
Dans un verre de vieux vin !

(A la fin de ce chœur, quelques jeunes gens amis de Pygmalion entrent en scène, introduits par Ganymède.)

PYGMALION, *à Mydas.*

Bon ! je sais maintenant ce que j'en pourrai faire,
Et sans regrets je te la vends !

(Se tournant vers ses amis.)

Oui, mes amis, soyez contents !
Dans la coupe aux flots écumants
Je veux noyer une folle chimère
Et j'ai retrouvé mes vingt ans !

TOUS.

Il a retrouvé ses vingt ans !

PYGMALION.

A moi, folles maîtresses,
Éphémères tendresses !
Qui ne durez qu'un jour !
A moi, femmes aimées,
Belles nuits embaumées
Par les fleurs et l'amour !
Que votre ardente flamme
Rajeunisse mon âme.
Ranimez mes désirs
Par d'éternels plaisirs !

Loin des esprits moroses,
Vivons !
Et sur des lits de roses,
Buvons.

TOUS, *reprenant.*

Loin des esprits moroses, etc.

ENSEMBLE.

PYGMALION, *à ses amis.*

Et maintenant loin des jaloux,
Oui, mes amis, je suis à vous !

GANYMÈDE, *à part.*

Allons ! je n'aurai plus de coups !
O paresse ! reviens chez nous !

MYDAS, *à la statue.*

O merveille ! loin des jaloux
Je veux t'admirer à genoux !

CHOEUR, *à Pygmalion.*

Loin des censeurs et des jaloux,
Pygmalion, viens avec nous !

(*Mydas reste en contemplation devant la statue. Ganymède regagne son lit. Pygmalion s'éloigne avec ses amis.*)

FIN.

Paris.—Typographie Morris et Comp., rue Amelot, 64.

www.ingramcontent.com/pod-product-compliance
Ingram Content Group UK Ltd.
Pitfield, Milton Keynes, MK11 3LW, UK
UKHW032009260826
14628UKWH00005B/2365

9 782329 392998